TAKAKO the BEAUTY BOOK

Cover

Styling&Costume_ KEITA MARUYAMA
Photograph_ KAZUYOSHI SHIMOMURA
Hair&Make-up_ TAKAKO

Contents

006 / **Makeup Artistry**
最新スペシャルシュート
Styling&Costume_ KEITA MARUYAMA
Photograph_ KAZUYOSHI SHIMOMURA
Hair&Make-up_ TAKAKO

046 / **Philosophy of My Make-Up**
メイクの考え方

054 / **Story behind The Creation**
創作の裏にある物語

062 / **My Belief of Beauty**
美への信念

088 / **Happy Anniversary Massages**
ハッピーアニバーサリーに届いたメッセージたち

092 / Special Talk **TAKAKO×ANNA**
アニバーサリー記念スペシャルトーク

098 / **Essencial Tips for My Beauty Life**
私の美の生活に欠かせないアイテムたち

116 / **Words of Beauty**
TAKAKOイラスト&メッセージ

126 / Special Thanks

Femininity.

[fèmənínəti]

The quality of being female; womanliness.

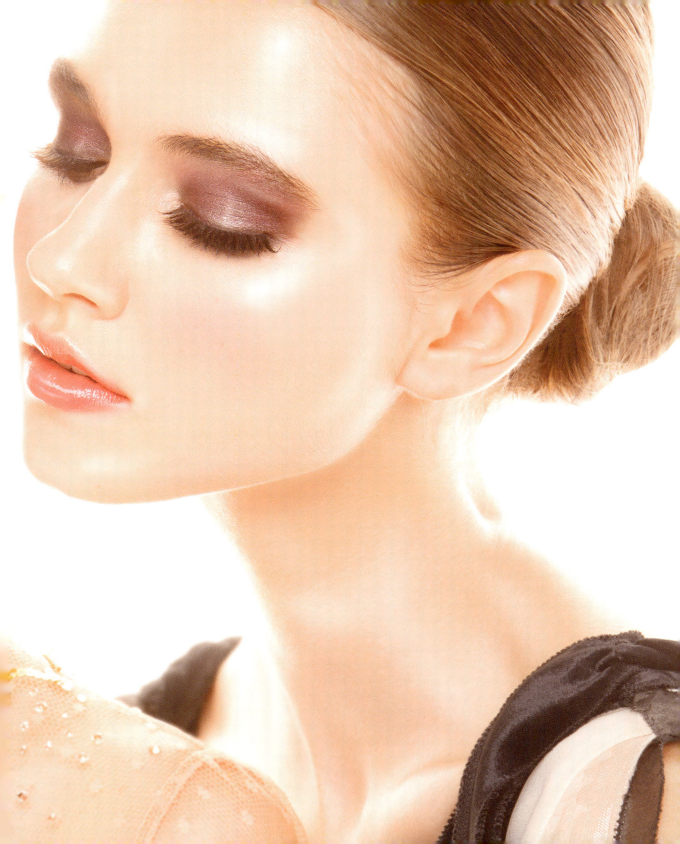

Gracefulness.
[ɡréɪsf(ə)lnəs]

The quality of being polite and kind in your behaviour, especially in a difficult situation.

Make-Up Essentials & Products

Philosophy *of* My Make-Up

・ メイクの考え方 ・

「メイクはもっともっと自由でいい」。30年メイクをし続けて、それでも私がメイクへの好奇心を失わないのは、メイクというものが表現の自由の大海原だから。自由に表現する。これは簡単なようでいて難しいこと。小手先のテクニックだけに頼らず、でもしっかりとした技術がなくては実現しないもの。そして揺るがないメイクへの哲学があって実現するもの。その一端を紹介します。

A.

B.

Base

まるで自分の肌が内側から
輝くワンランク上のベースづくり

　私がベースを作る上で何よりも大切にしているのは、その人の持っている肌のよさを引き出すこと。

　日本は「おしろい」の文化があって長い間「カバーすること」が重要視されているけれど、その考え方だけだと、その人の持つよさまで隠してしまう。かといって、ただナチュラルにしたのでは、メイクの意味がない。私が考えるメイクアップとは「素顔のときよりも美しい状態になる」ことだから。

　私が理想のベースとするのは、陶器のようなマットなカバーのテクニックやセンスの「その先にある極上ツヤ肌ナチュラル」。それを実現するのは、すごく大変だった。ぴったりのファンデーションがなかったから。自分でファンデーションにオイルを混ぜたり、実験に次ぐ実験の日々を経てたどり着いたのが、自分でファンデーションブランドを手掛けること。10万人近くの人々の肌を実際に見て触れてきた経験で、アジア人のツヤ肌に必要なファンデーションはどういうものかが手や感覚でわかっていたからそれを具現化したの。

　今回、使用したのはすべて私がプロデュースしたシャンティクチュールのもの。バナナ色でくすみをとばし、ピンク色の偏光パールで透明感のある肌を実現する化粧下地。洗練されたツヤ肌へと導き、すっきりしたフェイスラインをかなえるリキッドファンデーション。くすみやシミを隠し、気になる部分にふっくらとしたハリとツヤを与える美容液スティックコンシーラー。光のヴェールで肌を輝かせるフェイスパウダー。この4つの組み合わせだけでやったの。「極上ツヤ肌ナチュラル」を手に入れたかったら、ぜひ試して。そして自分の肌のよさが引き立つベースを知ってほしいな。

C.

A. クリスタルブラン シャイニープロテクト　30g　4,200円（税込）
B. セレブリティフラッシュ ファンデーション（ナチュラル・ライト）30mL　6,200円（税込）
C. ティントカバースティック　3g　4,937円（税込）
D. インフィニティ ブルーム パウダー 6,980円（税込）
／以上すべてシャンティクチュール

D.

SHADOW

キレイに整えた上で行うのがアイメイクのお作法

「目は口ほどに物を言う」と言うけれど、目は感情を語る上で本当に大切なパーツ。どれだけチャーミングになれるかはアイメイクにかかっていると言ってもいいほど。

アイシャドウはそのアイメイクのキャンバスになる部分。だから、まずはベースづくりが大切なの。ただ色をのせるのではなくて、まずキャンバスを整えてから色をのせる。そのためには光を放つジェルタイプのアイシャドウをベースに使うのがいい。甘くしたいならシャンパンピンク、ノーブルにしたいならゴールド、セクシーにしたいならパープル系の光を選んで。この最初の質感づくりが仕上がりの顔を左右するぐらい重要。この段階でアイメイクのベースをコントロールしたら、あとはそのときの気分で遊びゴコロのある色のアイシャドウを加えたり、なりたい顔に近づけるようにグラデーションでアイシャドウを重ねたり……。

色選びで迷ったら、自分の心の声に耳を澄ませてみて。そのときどきの自分に合う色がきっと呼んでいるから。色の声に気づいたら、色の力がわかるはず。

E. エレガンス アクアレル アイズ 03 3,000円(税別)／エレガンス コスメティックス
F. ザ アイシャドウ 95 Color Purple (ME)カラーパープル 2,000円(税別)／アディクション ビューティ
G. フルメタル シャドウ 2 オーアルジェン 3,800円(税別)／イヴ・サンローラン・ボーテ
H. アイ & フェイスカラー V900 1,200円(税別)、カラー ケース 800円(税別)／アナ スイ コスメティックス
I. フルイッドライン ペン インデリブリー ブルー 3,000円(税別)／M・A・C
J. Wカラーマスカラ 04インディゴ グリーン 4,000円(税別)／RMK
K. ラッシュショークリエイティブ C-809 2,800円(税別)／メイクアップフォーエバー
L. アイラッシュ スラント ブラック 1,800円(税別)／シュウ ウエムラ

LINE

アイライン1本でオンナの魅力は決まる

アイラインを引くとき私はいつも心を落ち着かせてから始めるの。なぜなら書道と同じでそのときの心がラインになってあらわれるから。

アイラインはメイクの中でも難しいと思われがちだけれど、それはきっと思うように描けないことに欠する不安があったり、失敗を恐れるあまりに心穏やかに向き合っていないからだと思う。自分の顔をメイクするときだけでなく、私のように他人の顔をメイクする機会がある人に「メイクアップは神事」だと思ってほしい。もともと芸術・美は神に捧げるもの。芸術・美は人を楽しませる、喜ばせること。その表現の大きな部分を占めるメイクは、心の履物を揃えてから行うのが本来だと思っているの。

アイラインは、目尻のほんの1ミリか2ミリで大きく表情を変える。アイシャドウでつくった美しいキャンバスに対して、アイラインは感情を宿すものだと思って。視線を動かして、瞳が何かを見つめる。その感情の余韻はアイラインにかかっているから。テクニックも必要だけれど、その前に必要なのは心構え。これを忘れないでね。

MASCARA & EYELASH

マスカラとアイラッシュはセットで深い印象の目元に

マスカラとアイラッシュは目を演出するのに欠かせないもの。そして、セットで使うことで相乗効果を生むの。つけまつげという屏風の間からマスカラをのせた自分のまつげが重なり出て、立体的で印象的な目元になるから。

マスカラは、まず自分のまつげを知るために、何もメイクをしないでつけてみることが大切。自分のまつげを把握したら、まつげ一本一本を花びらにたとえて花びらが一枚ずつ太陽に向かって開くように、と思いながらつけてみて。こうするとキュートな目元が完成するの。また上下とも外へ外へと向けて流しづけするとクールな印象に仕上がるから、どのように見せたいかで使い分けて。

アイラッシュは目尻につければスッキリ切れ長風に、中央に寄せてつければキュートな印象になる。アイラッシュはみんなが思っているよりも簡単。ノリをつける前に試しづけして自分に似合う長さや角度を覚えること。そして専用のノリでつけるだけ。マスカラとアイラッシュを上手に組み合わせてみて。繊細で情感豊かな女性の目元を演出できるから。

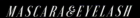

M.

Cheek

2色MIXの組み合わせ&入れ方を変えてなりたい自分、自由自在

　表情を左右するだけでなく、女性の見た目年齢や顔の大きさや形までをも変えてしまうのがチーク。
　TAKAKO流チークの特徴は、オレンジとピンク、ピンクとベージュ、パールとコーラルなど、2色を掛け合わせること。1色で仕上げるよりも2色をMIXさせることがチークをナチュラルに仕上げるコツなの。
　チークのカラーは、オレンジ系はフレッシュにアクティブに。ピンク系ならスイートに可愛らしく。パールやゴールド、ブロンズなどは上質な大人の雰囲気に。色はそれぞれにテイストを変えてくれる。そして、実は同じ色を使ってもその入れ方次第で顔が変わるのがチークの面白いところ。
　頬骨の高さを強調するような入れ方なら、大人っぽくセレブ感のある顔立ちになるし、頬骨からこめかみに向かって勾玉状に入れれば知的に、頬骨を中心に丸く柔らかく入れればキュートな印象に変えられるの。
　今回は、これまでのTAKAKOメイクではあまり見せてこなかった顔の凹凸を強調するようなチークの入れ方をしたの。それは自分でもちょっと新しいことに挑戦したかったから。それに、勝負運を味方につけて成功を手に入れた大人の女性らしさを表現したかったから。こめかみチークを入れると横顔がキレイに見えるの。
　メイクはベーシックなことをおさえることも大切。そしていつも冒険心を持って新しい美しさを発見していくことも同じように大切。楽しむことが抜けてしまうと魂が宿らないから。一つ一つのプロセスを丁寧に、自分なりの美意識で楽しみながら仕上げる。チークひとつとってもそれは同じ。印象を大きく左右するチークだからこそ、ただ流行りに流されるのではなく、色を楽しんで。

N.

M. NARS デュアルインテンシティーブラッシュ 5501　4,600円（税別）／NARS JAPAN
N. NARS デュアルインテンシティーブラッシュ 5503　4,600円（税別）／NARS JAPAN

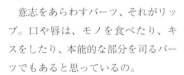

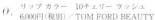
リップ カラー 10チェリー ラッシュ
6,000円（税別）／TOM FORD BEAUTY

品格と本能をあらわすリップ
ここ一番のときは赤がTAKAKO流

　意志をあらわすパーツ、それがリップ。口や唇は、モノを食べたり、キスをしたり、本能的な部分を司るパーツでもあると思っているの。

　私がリップメイクで大切にしているのは、唇を愛情豊かにふっくらと仕上げること。もともとの唇のラインより少しはみ出すくらいの感じで、山もくっきりさせないで優しく描く。ツヤを重視した質感で高貴にセンシュアルな雰囲気にするのが理想。

　色は何と言っても赤。もちろん赤以外のリップにすることもあるけれど、究極のリップは？と問われたら、迷わず赤を選ぶ。横並びで目立たないことをよしとする価値観もある日本では、赤のリップは少し勇気がいることかもしれない。でもね。江戸時代の日本で高級な紅を使えたのは一部の選ばれた女性だけ。薄く塗ると愛らしく、塗り重ねると玉虫色の輝きが加わって、そういう意味でも本当に美しい赤リップは、豊かさの象徴でもあるの。欧米でも赤リップで厚くてぽってりした唇はセクシーだとされているし、自分にギアを入れたいときは赤に挑戦してみてほしい。それもできるだけ人生の早いタイミングで。なぜなら、赤は女性としての魅力がないと顔から浮いてしまうから。私は16歳のとき、母から「あなたにはこの赤が似合う」とプレゼントされ、初めてつけた口紅がシャネルの赤だったの。そこから赤の似合う大人の女性になるために、いろいろなレッスンを積んできた。

　唇が薄いとか左右整っていないとか、いろいろ欠点だと感じるところがあるかもしれない。でもその自分が持っているマイナスに引っ張られないで。自分が目指す顔はどういう顔なのか、どう見られたいのか。その理想のイメージに自分でメイクすればいいだけだから。イメージすること。これが一番大切かもしれない。

髪は、顔というキャンバスに
描かれた美しい絵を入れる額縁

　ヘアはメイクの一部で、メイクはヘアの一部。切っても切り離せないものだと私は思ってる。海外のファッションシーンではヘアを担当する人とメイクを担当する人が別々のことは当たり前。それぐらい素材が別のものだから。でも私は、ヘアもメイクもやってきたし、ヘアもメイクもできる。できると言い切るだけの勉強もしてきたし、実践もしてきたし、仕事もしてきた。

　絵画にたとえるなら、顔はキャンバスでヘアは額縁。どんな美しい絵画でも額縁次第でよくも悪くも見える。私は最高のモノを自分の手で追求したいからどちらも自分でやるの。

　ヘアもメイクと同じで光と質感がポイント。どのようにマットにするか、ツヤを出すか。重さや軽さのバランスはどうするか。そして、メイクとのバランスはどうなのか。全てトータルで美しさを生み出したい。その思いが両方をやるという選択を私にさせたの。

　ダークカラーのモードなメイクなのにラブリーな巻き髪だったり、スイートなメイクなのにウエットな質感でクールなヘアだったりしたら、台無しでしょ？もちろん、ちょっとしたギャップを自分なりのGOODバランスにして楽しむのはアリだけれど、シチュエーションのイメージとミスマッチにならないように、メイクもヘアも変えることが大切。シーンにふさわしい洋服のコーディネートをすることが当たり前なら、シーンにふさわしいヘアもメイクもすることが当たり前。

　ファッションはヘアもメイクも合っていてこそ、本当の美しさを追求できる。人間にとって顔はとても重要なものだけれど、メイクとヘア。そのどちらが悪目立ちしてもダメ。どちらもがどちらをも引き立てる関係が理想。

Extra

メイクアップは自分という素材を使って旅をすること

　メイクはアート。その人そのものを美しく楽しむ行為。もともと私は美大に進学しようと思っていたの。でもデッサンの練習中にこれが本当にやりたいことなのか？と疑問が生まれてきて……。そんなときに出会ったのが当時クリスチャン・ディオールの専属アーティストだったティエンの作品。「あぁそうか、顔もキャンバスになるんだ！」ってすごく感動したのを昨日のことのように覚えてる。それがメイクの道へ進むスタートラインだったの。

　ロンドンやニューヨークで仕事をしていた私にとって、外から見る日本の美容は少し守りに入っているように感じてる。何かを表現する前に誰かに「そこまで求めてないよ」と言われてしまうのを怖がっているような。

　でも人生はたった一回。自分という人間は世界中でたった一人。だから美意識は譲れないし、譲らなくていい。

　パッションを感じさせる色使いをしたり、ときにドラマティックなメイクにしたり、ドキリとするような印象的な色を入れたり……。私のことを「色の魔術師」と呼んでくれるクリエイターは多いけれど、色で遊ぶこと、色を遊ぶことは、メイクアップする上で大切なことだと思っているの。

　なぜ古今東西、人が虹に魅せられるのか？と言えば、色があるから。モノクロの虹だったら、こんなにも多くの人が「わぁ虹が出てる！」と心を動かさないと思う。だから。色を楽しんでほしい。世の中には美しい色があふれている。「私にはこの色は似合わない」とか「私に似合うのはこの色だけ」と決めつけているのはもったいない。似合わない色なんて本当は存在しないはずだから。

P. 12フラッシュカラーケース　13,500円（税別）／メイクアップフォーエバー
Q. マキエクスペール カバリング メイクアップ ファンデーション ハイライトカラー001　5,000円（税別）／コスメデコルテ

Story behind The Creation

創作の裏にある物語

KEITA MARUYAMA
日本が世界に誇るファッションデザイナー。文化服装学院ファッション工科・アパレルデザイン科卒。'94-'95秋冬東京コレクションにて「KEITA MARUYAMA TOKYO PARIS」としてメンズ・レディースの両ラインを発表。「KEITA MARUYAMA」のデザインを手掛けるほか、ミュージシャン、俳優、舞台の衣装製作や企業の制服デザインなど幅広い分野で活躍中。

TAKAKO
トップメイクアップアーティスト、ビューティクリエイター。18歳で渡英。その後、ロンドン、ニューヨークでコマーシャルカタログ、有名ファッション誌、ハリウッドスターのメイクを手掛けるなど活躍。帰国後は、音楽業界、CM業界などを中心に活躍の場を広げ、商品プロデュースも数多く手掛ける。現在は世界のセレブリティの支持を集めている。

KAZUYOSHI SHIMOMURA
美の写真表現において世界のセレブリティから厚い信頼を寄せられる写真家。多摩美術大学在学中の21歳から活動を開始し、渡仏後、フランスのmadame FIGARO誌と契約。ヨーロッパで活躍する。帰国後、最も女性誌の表紙を撮影する写真家であり、蜷川実花監督作品の映画「ヘルタースケルター」に俳優として出演。集英社よりエッセイ『美女の正体』を出版。

三人の組み合わせでしか実現しなかった刺激的で新鮮なコラボレーション

TAKAKO 今回はお二人とコラボレーションができて、本当に刺激的だった！

丸山敬太（以下、丸山） ちょっとした闘いだったかも（笑）。

下村一喜（以下、下村） この組み合わせで「今、表現したいもの」に純粋に取り組むのは初めてで、普段ならできないこともたくさんできて、とても貴重な体験だったと思う。

TAKAKO 「30年の経験」という自分の中の財産があって、それを踏まえてこれからの未来を考えたときに「今の自分の表現」を誰に撮影してもらうか？ 誰に衣装を頼むか？と思い巡らせたら、お二人が浮かんできて……。

下村 TAKAKOさんとは頻繁に会っているわけではないのに、このプロジェクトの連絡をもらった瞬間、まるでさっきまで会っていたかのような錯覚に陥るぐらい、すぐにチューニングが始まって。

TAKAKO そうそう。時空を超えてクリエイション魂にあっという間に火がつくのは三人の共通点かも。

丸山 僕のところにも連絡が来て、すぐに下村さんともTAKAKOさんとも深夜日中問わず、SNSや電話で「こういう世界観はどう思う？」とか「こういうのやりたいのだけれど」と三人の感性が飛び交い始めましたよね。

TAKAKO キックオフミーティングで事務所に集まっていただいたとき、正直言って、まったく見えていなかったの。やりたいことがないんじゃなくて、あれもできる、これもできる。「で、何をやる？」って自分の中でも「自由ゆえの産みの苦しみ」があったの。イメージしている世界を下村さんやケイタさんがさらに追求してくださって、みんなで感性を高めていってセッションをして「NEW TAKAKO」の美の世界の扉が開いたような気がする。

下村 これまでのTAKAKOさんの世界は、世間ではSWEETさが特徴的だと受け取られてきていたように思うけれど、15年のお付き合いがある僕は、TAKAKOさんの甘さの中に潜むプアゾン（毒）も今回、表現できたらと思っていたの。モード感があってスパイスがあって美しい毒。それに、この三人のコラボレーションならワールドワイドに、世界トップ水準の美が表現できるなと思って。

TAKAKO 下村さんは膨大な芸術の知識に裏付けられた感性をきちんと具現化してくださるし、ケイタさんはカルチャーとファッションの相互関係を踏まえて洋服のディテールで時代性を表現することにも繊細に意識を働かせてくださる。あの濃密なミーティング中は「そうそう、やりたいのはそれなの！」って思う瞬間がいっぱいあったな。「50'sのアメ

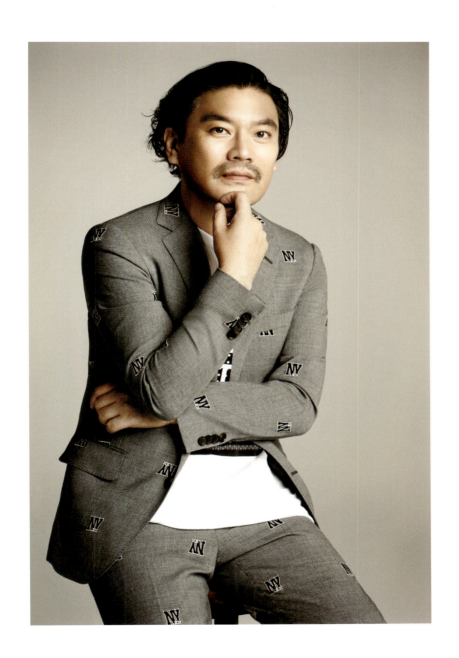

繊細な意識、大胆な発想、美への緊張感で新しい表現の扉を開いていく

リカのピンナップガールみたいな世界観をつくりたい」でも、それはあの時代を再現するのではなくて「今」という匂いとか時代性をきちんと把握して、自分の表現に落とし込みたい。そういう微妙なところも二人にすぐわかってもらえたから、ベースの部分は、すごくやりやすかった。

丸山 でも大変だった（笑）。

TAKAKO うん、ものすごく大変だった（笑）。「これで行こう！」と一度は収まっても、それを実現するのに必要なものをそれぞれが自分の引き出しから出すと、それに刺激されて、それぞれが新たに違うアイデアを出してきて……。

丸山 どこかで着地点を見つけなければいけないのに、出てくる、出てくる（笑）。結局、全部の撮影が終わるまで、アドリブだらけのライブみたいな感じだったね。今回みたいなものは、誰が欠けていても成立しなかったと思う。

TAKAKO 撮影当日は、3名のモデルがどの順番で何を着て撮るか？というのをだいたい決めていても、メイクを仕上げてカメラの前に立ってから、また変更したりして。

下村 テストシュートして「このメイクならもう少しアクセサリーを足すといいかな」と思った瞬間には、振り返るとケイタさんがモデルにアクセサリーをつけてくださっていて。それを見ると「ならば、ポージングはこうで、こういう物語にして……」と考えが巡って。

TAKAKO 次のモデルのベースメイクを仕上げて、急いで撮影に戻ると「あれ？ メイクルームで着ていた衣装と少し印象が違う」みたいな。そこでまた私も「そういう物語なら、髪の毛をこんなふうにまとめたい」と思ったりして、結局、ずっとメイクしっぱなし。スタジオで朝早くから夜まで撮影していたあの数日間。私ね、一回も、本当に一回もイスに座っていないのよ（笑）。

丸山 何が生まれるのか、やってみないとわからないからね。でもそのTAKAKOさんの情熱で、今回はお二人とやる醍醐味を味わえた気がする。美しいモデルを美しいメイクで美しい衣装で美しい写真にするというだけでなくて、その向こう側の世界までちゃんと写真に落とし込めたというか。センシュアル（官能）な世界観も、一歩間違うとただの安っぽいエロな雰囲気になってしまうけれど、怒りや哀しみまでも内包したようなセンシュアルな表現ができたのは、メイクも衣装も写真もモデルもみんなが一体になれたから。

TAKAKO 日本でセンシュアルな世界観を表現しようとすると、すぐに安っぽいグラビアっぽくなってしまうけれど、今回はそうならなかった。

Story behind The Creation

「その向こう側の世界」までも
追い求め表現する真のクリエイター

丸山　「装う」ということの基本は、そのあたりにかかってくると思う。何を「着る」かだけではなくて、何をまとい、内面から何をにじみださせるのか……。

下村　「露出が高い＝卑猥」ではなくて、ヌーディでありながら気品があるとか。ファッションだけでなく、メイクアップの基本もそこにあると思う。

丸山　欠点を隠すとか補正するという方向性ではなくて「装う」というところでは、チャームアップすることが重要で、その可能性を見せられる撮影が今回、できたと思う。

下村　TAKAKOさんは、商品プロデュースなど、多岐にわたる才覚をお持ちだけど「人々に伝えるために生を受けている人」だということを改めて感じさせられた撮影だったな。メイクにおいては色の魔術師だってことも再確認。

TAKAKO　今回、ケイタさんがパリコレで発表した秘蔵のアーカイブも用意してくださって。「本物は色褪せない」ということを改めて感じたな。それに下村さんの写真には、撮っている被写体を主人公にする力があるよね。自分のエネルギーを出し惜しみしないで取り組んだから、今は少し休憩したいけれど（笑）、お二人とは、これからもいろいろなモノ、いろいろなコトをつくっていきたいな。

下村　今の時代に本当に必要とされている表現は何か？という芸術の根源的なテーゼも今回のクリエイションで問いかけることができたような気がする。1950年代、60年代の紳士淑女の華やかな喧騒や狂乱、70年代のディスコティックな雰囲気、耽美的な匂いやデカダンス……。そういう世界観を、今の時代の空気にただ流されるのではなく、三人の解釈によって新しいものとして表現できた。それに表面をインスタントに好感度よく整えたものだけが本当の美ではないというところまで踏み込めたのは、TAKAKOさんとケイタさんとの組み合わせだったから。

TAKAKO　お二人と出会うことができた歴史にも感謝だし、今回の新たなクリエイションにも感謝！

丸山　僕も数年前にブランドデビュー20年を迎えたから「継続の大変さ」は身をもってわかっているの。だからTAKAKOさんの30年を思うと本当にすごいなって感心する。続けていく体力、気力、継続する好奇心、向上心。続けている人にしか見えない景色があるから。

TAKAKO　30年、メイクブラシを握り続けていても、まだまだ知らない自分の表現の扉がある。これからもどんどん扉を開けていくので、一緒にいろいろ生み出しましょうね。

My Belief of Beauty

美への信念

私にとって。
本物の「美」とは圧倒的なパワーを放つもの。
「美」は、ただそれだけで人を感動させる力を宿している。

ヘアやメイクで「美」を生み出す、それが私のミッション。

ヘアやメイクはファッションとは切り離せないもの。
そしてファッションは
その時代のカルチャーの影響を受けるもの。
ファッションやカルチャーを理解した上で
「自分」というフィルターを通して
ヘアやメイクを新しくつくりだす。
それが私が考える
本来のヘアメイクアップアーティストの仕事。

やるか、やらないかと問われれば、やる。
挑戦するか、しないかと問われれば、挑戦する。
なぜなら新しいものを生み出すためにそれが必要だから。

やらなければ失敗はしない。挑戦しなければ失敗はしない。
でも、やらなければ成功のチャンスはない。

挑戦しなければチャンスを逃す。
リスクやデメリットがあってもトライする。
怖くても不安でもチャレンジする。

「美」を生み出したい。
自分の心の奥底から消えることのない
このシンプルな思いにいつも突き動かされている。

目の前にカードが1枚あって
「裏面に書かれている内容は正しい」
と書いてある。
カードをひっくり返すと
「このカードの裏側の文章は間違い」
と書いてある。

ヘアやメイクをつくり始めて30年。
いつもいつも目の前に選択肢が突きつけられる。

ここはピンクのリップがいいのか？
それともオレンジか？

頭の中でカードをひっくり返す。
オレンジだ!
もう一度、頭の中でカードをひっくり返す。
いや、ピンクだ!
数秒の間に、何度もカードをひっくり返し
最後は、勇気を振り絞ってカードを全部捨てる。
赤だ!

もちろん、「赤が正しい」と書いてあるカードの裏には
「表に書いてあることは間違い」と書いてあるだろう。
でもね、ヘアやメイクは頭だけで作るものじゃない。
そのとき自分に降ってきたインスピレーションで
瞬時に判断する。

結局、30年やってきて
間違ったヘアやメイクは一度もない。
そう、たったの一度も。
今作ったら、違う解釈をして違う色を使うかもしれない。
経験が技術が進化させて
もっとキレイなラインが描けるかもしれない。
でも、だからと言って過去に作った作品は
決して間違っていない。

そのときこれだ!と思ったこと
それは私の30年の中では、どれも正しいこと。

自分の外側にあって自分の考えを操作するものより
私は、自分の内側から湧き出る答えを選ぶ。

1986-1988 in London

　高校1年生の夏休みに家族と離れてヨーロッパを4週間旅して以来、私を夢中にさせ続けたのはロンドンでした。その後、美大を目指していたものの、当時クリスチャン・ディオールの専属アーティストだったティエンの作品に出会いヘア&メイクになろうと決心。短期間で英語を猛勉強し、留学資料をかき集めて、反対する両親を説得して18歳のとき、高校卒業と同時に再びロンドンへ。ロンドンでは、半年の英語学校を経て「CONPLECTIONS INTERNATIONAL LONDON SCHOOL OF MAKE-UP」へ通い、さまざまな人種、カルチャーの友人たちと暮らし、学びました。次に通った「THE MAKE-UP CENTER」ではアシスタントとして撮影現場に出入りするまでになりました。そして卒業後も作品を撮り続け、ロンドンでは念願の雑誌『i-D』で仕事も決定したのです。

　今はインターネットでいろいろな情報を入手することが可能です。でも世界最高峰のプロの現場で何がどのように行われているのかは体験しないとわからない。ロンドンは学生がヘア&メイクの仕事をスタートさせるのにいい環境。クリエイターをサポートしてくれる街だと思います。

| 1 | 2 |
| 3 |

1&2. ロンドンでの作品撮り。ヘア＆メイクだけでなく、モデルを手配することから始まり、どのような仕上がりにするかのディレクションまで、すべて自分で手がけていました。 **3.** 卒業制作で作ったシリーズの中の1枚。先生からはお世辞抜きで「私よりうまい」とよく褒められていました。今、見返して10代でこれを作っていたのは、自分でもなかなかだな、と思っています。

1989-1994 in New York

　帰国後、私は歯がゆい思いをしました。ロンドンでは自分の実力で有名な雑誌での経験もあるのに、日本では若いというだけで受け入れてもらえない現実があって……。そこで刺激を求めてニューヨークへ。ニューヨークに到着してまずやったことは、電話帳を開くこと。コネクションも何もなかったから、レコード会社や雑誌社に片っ端から電話しました。アポイントが取れてオフィスに行くと目の前に世界中から届いた作品のブックが山のように積まれていて「さすが世界の中心」と衝撃を受けました。でもそこであきらめずにトライし続けたら、仕事を取る仕組みがわかり、ヘア＆メイクの仕事のオファーがくるようになりました。現場では仕事ぶりが評価されて「センスいいわね」とカメラマンを紹介してもらったり、「君は光るものを持っているから年間契約しないか？」と誘われたり。世界中からトップアーティストが集まるニューヨークで5年。世界的に有名なミュージシャンとのポートレート撮影もスーパーモデルとのカタログ撮影もやりました。いかに自分を表現し、自分流を打ち出し、人生を生き抜くことが大切か。それをニューヨークという街が教えてくれた気がします。

1. ニューヨークの最新トレンドをいち早く発信する雑誌『PAPER MAGAZINE』での仕事。
2. ニューヨークへ旅立つとき、お世話になった伝説の編集者・御供秀彦さんから「花を人に与えるつもりで仕事を」と言葉を贈られて、それを表現したのがこの作品「Flower of my heart」。これはニューヨークで最初に任せてもらえた仕事で、ニューヨークで活躍する新人ヘア&メイク4人の中の1人に選ばれたときのもの。バレンタイン特集で作品のどこかに必ずハートを入れるのがコンセプトでした。私が尊敬するオーランド・ピタの作品と並んだ思い出深い1カットです。

1	2	
3	4	7
5	6	

1&2.ニューヨークの有名なカメラマン、Carol R Weinbergとご一緒した仕事の数々。**3&4.**「PAPER MAGAZINE」での仕事の数々。**5&6.**実力社会のロンドンでもニューヨークでも名刺は作品つき。ニューヨークのエージェントに所属していた頃の名刺。**7.**モノクロームは、色で逃げることができない「光と質感で勝負する」世界。ニューヨークに渡って、22歳になる頃には、フリーランスで目指していたファッション系の仕事をするようになっていました。

CD and DVD Covers

ロンドン、そしてニューヨーク。世界中から集まったトップアーティストたちと毎日のように仕事を通してクリエイションし続けて、最初のうちは帰国する予定なんてまったくなかったの。でもニューヨークでピチカート・ファイブと仕事をしてから、東京も面白そうだなと思い始めて……。東京とニューヨークを行ったり来たりしながら、最終的に25歳のときに帰国。

帰国後は、私のことを妹のように可愛がってくれていたカリスマスタイリストの堀切ミロさんが工藤静香さんを紹介してくださったり、アートディレクターの信藤三雄さんなど、素晴らしいクリエイターの方たちとの出会いがいっぱいありました。ご縁がご縁を呼んで、サザンオールスターズ、松任谷由実さん、Mr.Children、SPEED……本当に多くのアーティストたちとご一緒してきました。

「この人の音楽が好きだな」「一緒に仕事をしてみたいな」と思ったアーティストには思いが通じるのか、不思議とご縁があってお仕事をさせていただくことができていったのです。

映画『代官山物語』/日本コロムビア　監督/信藤三雄　出演/夏木マリほか
数々のアーティストのジャケットを手掛けてきた巨匠・信藤三雄さんが初監督
した映画で、夏木マリさんをはじめ、出演者全員のヘア＆メイクを担当しました。

PIZZICATO FIVE BOOTLEG
©1994 PIZZICATO FIVE TOKYO

photo by TSURUTA naoki

	1		5	
2	3	4	6	7

1&4. 書籍『ピチカート・ファイヴ ブートレッグ』／光琳社出版 ピチカート・ファイヴのすべてを紹介した本に収録した作品。オリジナルで特注したこだわりのウィッグ。いろいろな野宮さんをヘアメイクさせていただいた中でも私のお気に入りカット。**2.** CD『OVERDOSE』／日本コロムビア **3.** アートディレクター信藤三雄さんが手がけたピチカート・ファイヴのアートワークポストカード。**5.** CD『SWEET PIZZICATO FIVE』／日本コロムビア ニューヨークで初めて野宮貴紀さんと出会ったときの初仕事。**6.** CD『さ・え・らジャポン』／日本コロムビア 21世紀最初の日、2001年1月1日にリリースされたピチカート・ファイヴの事実上のラストアルバム。**7.**『MISS MAKI NOMIYA SINGS』／ヒートウェーヴ（日本コロムビア） ジャケット写真撮影時に撮影されたアーティスト写真。

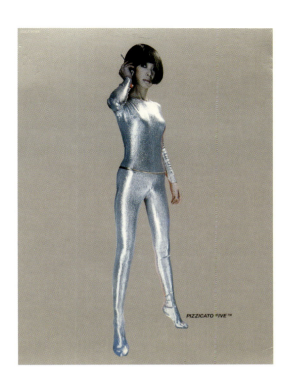

1. CD『PIZZICATO FIVE』／日本コロムビア　写真／信藤三雄　ヨーロッパ映画を彷彿とさせる雰囲気のモノクローム。イタリアのバーバーでの作品。　**2.** CD『OVERDOSE』／日本コロムビア　写真／鶴田直樹　赤いリンゴを持つ野宮さんに赤を印象的にメイクしたブルックリンブリッジでの1カット。　**3.** これもCD『PIZZICATO FIVE』の中の1カット。　**4.** CD『darlin' of discotheque e.p.』／日本コロムビア　近未来的なコスチュームに身を包む野宮を黒髪のボブと抑えた色味でメイク。**5&6.** どちらも『ピチカート・ファイヴ ブートレッグ』におさめた作品。かたやロンドンっ子のようなイメージで、かたやアメリカのファンクミュージシャンのようなイメージで。ヘアとメイクからも音楽が聴こえてくるみたいでしょ？

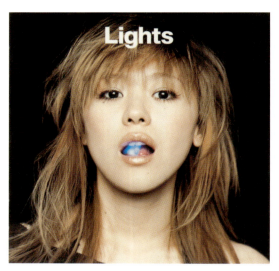

Purple
Shizuka Kudo

1. JUDY AND MARY　CD『motto』／エピックレコードジャパン　YUKIさんは、音楽性ももちろん、メイクもクリエイティブなことを受け入れる柔軟性のある女性でご一緒して楽しかった！　JUDY AND MARYは、解散コンサートなどもご一緒しました。**2.** CD『Lights』／エイベックス・トラックス　globeのケイコさんは、繊細でプロ意識の高いアーティスト。**3.** CD『トキドキココロハアメ　デモアメノチカナラズハレ』／SPACE SHOWER MUSIC　写真／MILK Inc, SHINGO1　デビュー20周年、JUDY AND MARY解散から10年の節目にリリースされたTAKUYAさんのソロアルバム。長いおつきあいをさせていただいているのもご縁。**4&5&6.**『Purple』／ポニーキャニオン　写真／鶴田直樹　スタイリスト堀切ミロさんの導きで出会った工藤静香さんのメイクを手がけたのが日本帰国後の初仕事だったの。工藤さんとはたくさんのお仕事をして、どれも印象的だったけれど、この工藤静香さんがセルフ・プロデュースをしたアルバムもお気に入り。

Advertisements

　帰国後、しばらくは音楽業界に軸足を置いて活動していたけれど、ご縁がご縁を呼んで、だんだんとCMも手がける機会が増えていきました。化粧品メーカーをはじめとして、大手コンビニチェーン、エステティックサロン……さまざまな分野の商品やサービスの広告撮影を経験しました。その中で、たくさんの女優や著名人、小泉元首相など、ふだんお会いできない方々とCM広告の撮影を通して出会うことができました。いつしか有名な監督からは、その場の空気を一瞬で変えることができる「空気のメイクアップアーティスト」と呼ばれるようになりました。広告スチールは、1枚の写真に関わる多くのクリエイターのセンスやスキルを凝縮するという醍醐味があります。CM動画は15秒や30秒という制約された時間の中での最善の表現に挑むという緊張感のある楽しさがあります。写真表現と動画表現のそのどちらであっても、それに適した美しさをクリエイションしていく。TAKAKOというクリエイターが関わることでどこまで魅力的に見せられるか。広告スチールもCM動画も、私にとっては自分のスキルとセンスを発揮する大切な仕事です。

1	2	3	5
		4	
		6	7	8

1&2. スリムビューティハウスのイメージビジュアルをビビアン・スーさんが担当していたときにヘア&メイクとして参加。彼女が持つ無垢な美しさと、エステで叶えられる素の美しさをメイクしました。©スリムビューティハウス　写真／レスリー・キー　ビビアンさんは、当時、月に1〜2回、台湾や香港に行って、数々の作品を一緒に作りあげてきた存在。**3&4&5.** 世界屈指の化粧品メーカー、マックス ファクターで松下奈緒さんがメインビジュアルを担当したときは「TAKAKO」というメイクアップクリエイターも表に出して一緒にコスメの魅力を伝えたの。©マックス ファクター　**6&7&8.** マックス ファクターのキャンペーンの一環で美容雑誌でも松下さんをたくさんメイクさせてもらったときのもの。雑誌『VoCE』／講談社　写真／富田眞光

079

シュウ ウエムラのアイ ラッシュ バー オープン1周年を記念して開催された作品展「fashion statement on eyes」に招待アーティストとして参加。「LOVE RUSH GIRLS」写真／下村一喜　©シュウ ウエムラ

Books *and* Magazines

　これまでどれだけの雑誌や書籍をやってきたんだろう……。私にとって雑誌や書籍は、大きく分けて二つの意味を持っています。一つは、モデルや女優、タレントをいかに美しく、そして新しい魅力をメイクで引き出して、それをみなさんの前にお見せできるか。もう一つは、日本の女性がそれまでの枠にとらわれずに新しい考え方や技術を手に入れることでメイクの素晴らしさを感じてもらうか。そのどちらもが私には大切で、やりがいを感じるところです。雑誌の企画がご縁となって、その後、長いおつきあいをさせていただいているアーティストもいれば、数少ない来日の機会にわざわざ私を指名してくれる人もいる。そして雑誌や書籍で提案したメイクに心を動かして「感動しました」とお手紙をくださる読者がいる。雑誌や書籍は、どれだけやっても「もうお終い」という気分にならない不思議なもの。繰り返す波が同じようでいて、ただの一度も同じ波がないように、メイクも毎月、毎日のように仕事で撮影をしていても、同じメイクは二つとしてないからかな。これからも、世界中にたくさんのTAKAKOメイクの魔法をかけていきたいと思っています。

1	2	3	4
	5	6	

1&2&3. 美容雑誌のメイクページを手がけさせてもらうことは、それはそれでうれしいことだけれど、いわゆるヘア&メイクがファッション誌のカバーもメイクさせてもらうのは、なかなかないこと。メイクのHOW TOではなく、その時代のそのときどきのファッションのトレンドや表現したい雑誌の世界を理解して、それでいて自分印を残す。ファッション誌の表紙も私の中で大切な仕事の一つ。雑誌『SPUF』/集英社
4&5. 来日していた大好きなデヴォン青木さんを表紙と巻頭でメイク。スーパーモデルとして活躍していた彼女の可愛らしさを引き出すメイクをしました。とってもチャーミングな彼女とはすぐに意気投合しました。雑誌『VoCE』/講談社 写真/NAOKI
6. 土屋アンナさんの美しさを肌で表現した表紙。雑誌『VoCE』/講談社

1&2&3. 美容師、ヘア&メイクアップアーティストのための情報誌「リクエストQJ」で「TAKAKO特集」が組まれたときのもの。アイメイクに羽根をあしらった作品。写真／レスリー・キー **4.** 花の精をイメージして美しさと可憐さをメイクで表現。雑誌「VoCE」／講談社 写真／富田眞光 モデル／長澤瞳、大屋夏南 **5.** 自分が本来持っている「肌に潜んでいる光」を引き出した「エンジェル スキン」メイク。雑誌「VoCE」／講談社 写真／富田眞光 モデル／田島マリアンネ **6.** 昔から高貴な色として認知されているラベンダーを使って生粋のノーブルさを表現した「ロイヤル クチュール」メイク。雑誌「VoCE」／講談社 写真／富田眞光 モデル／田島マリアンネ **7.** ロリータ風のキュートさをメイクで表現。雑誌「VoCE」／講談社 写真／富田眞光 モデル／田島マリアンネ

1		4	6
		5	7
2	3	8	9

1. 土屋アンナさんと花をテーマにコラボレート。書籍『FLEUR』／ワニブックス 写真／阿部高之 **2.** 蝶々やてんとう虫の可愛らしさをメイクに。雑誌『Zipper』／祥伝社 写真／阿部高之 **3.** 花の持つパワーにインスピレーションを受けた愛されるためのガーリーメイク。『VoCE』／講談社 写真／阿部高之 **4.** セピア色に加工してレトロな雰囲気を出すのにこだわったカット。この本は私にとって初めての書籍。書籍『TAKAKO'S LOVE & SWEET MAKE UP』／ワニブックス 写真／山中隆宏 モデル／みわこ **5.**「女を、女にしてくれる色」の赤を印象的にメイク。写真／富田眞光 モデル／田島マリアンネ **6.**「キューティブロンド」の味付けで仕上げたネオクラシックメイク。雑誌『VoCE』／講談社 写真／前川純一 **7.** 海外版の雑誌のお仕事もこれまでにたくさんの出会いがあった。中国版『Ray』／瑞麗社 写真／阿部高之 モデル／園田ケリー **8.** タヒチの女性のような美しさを表現したカット。『FLEUR』／ワニブックス 写真／阿部高之 **9.** 土屋アンナさんのロックのイメージをくつがえす、クラシカルな淑女のイメージで。『FRaU』／講談社 写真／阿部高之

ハッピーアニバーサリーに届いたメッセージたち

Happy Anniversary Messages

スーザン・ロックフェラー（ロックフェラー財団会長Jr.夫人）

Congratulations on your book. Having you do my hair and makeup was a wonderful experience. Your positive energy and attention to every detail makes you a star professional. I also love your passion for creating your own beauty and hair products and making the packaging and design functional attractive and feminine as well. I hope that every time I am in japan I will have an opportunity to work with you. May your talent and understanding of beauty help others who want to look and feel their best. Still working with Oceana and saving our oceans. Thank you for helping to spread the word about our oceans through sailors for the sea and Oceana!
Best and sue
Susan Rockefeller

スーザン・ロックフェラー
ニューヨーク出身のドキュメンタリー映画制作者として環境問題、発展途上国医療、音楽療法などの問題をドキュメンタリー映画を通して提唱し数々の賞を受賞。著書も多数。ロックフェラー財団会長のディビッドロックフェラーJr.と結婚、2児の母。

本の発売、おめでとう！　あなたにしてもらったヘアメイクは私にとって素晴らしい経験でした。あなたのポジティブなエネルギーや細かい気遣いは輝いていて、とてもプロフェッショナル！　そして、あなたがプロデュースしたシャンティクチュールや姫コスメのパッケージやデザインは、女性を惹きつける魅力があり、フェミニンで大好きです。来日する際はいつもあなたと一緒にお仕事がしたいと思っています。あなたの才能や美しさへの理解が、人々の美しくありたいと願うルックスや気持ち助けとなりますように。また、Oceanaの活動を広めてくれていることにも大変感謝しています。ありがとう。

※「Oceana(オセアナ)」は2001年に設立した海の保全に焦点を当てた最大の国際擁護団体

安倍昭恵
1962年東京生まれ。1987年第97代内閣総理大臣・安倍晋三氏と結婚。2012年神田にこだわりの食材を使った居酒屋「UZU」を開店。その他、ミャンマーの寺子屋支援、コメ作り、女性のためのUZUの学校など教育や食の振興に力を入れている。

安倍昭恵（内閣総理大臣令夫人）

TAKAKOさん、この度はメイクアップアーティスト・デビュー30周年、誠におめでとうございます。とにかくいつも元気でバイタリティ溢れるTAKAKOさんは、人を元気にする天才です。メイクの腕前はもちろん、トークやマッサージの腕前も素晴らしく、ときには気持ちを高めてくださり、ときには不思議なほどリラックスさせていただいています。そんなTAKAKOさんには、実は主人も大変お世話になっています。ここ一番の勝負所の選挙では、力強く前へ進めるようなイメージのメイクを施してくださり、周囲の人々も巻き込んで明るくパワフルに応援していただいています。いつも本当にありがとう！これからも、世界中のみんなを元気にするようなTAKAKOさんでいてくださいね。

安倍昭恵

工藤静香（歌手）

べりちゃん、30周年おめでとうございます。
常に向上心があり、悩む前に先ず行動に移す貴女に
心から「おめでとう！頑張ったね！」と伝えたいです。
決して平坦な30年では無かったと思いますが、
その色々な経験を生かして元気でキュートな
べりちゃんでいてね。

工藤静香
1970年東京生まれ。'87年「禁断のテレパシー」でソロデビュー。「FU-JI-TSU」「MUGO・ん…色っぽい」等立て続けにヒット作をリリース。歌・ドラマ・CMと活躍の場を広げる。「愛絵理」として作詞も担当。その他ジュエリーデザインや画家としての才能も発揮し二科展へは20回入選を果たし、芸能界で初となる会友推挙にも選出された。2017年ソロデビュー30周年に向けて歌手活動への今後の活躍がますます期待されている。

小泉純一郎
1942年生まれ、神奈川県横須賀市出身。1972年に衆議院議員に初当選。1988年に初入閣、厚生大臣を務める。2001年4月に第87代内閣総理大臣に就任。続けて第88代、89代と総理大臣を歴任。

小泉純一郎（元内閣総理大臣）

*今後のご活躍を
お祈り申し上げます。

小泉純一郎*

野宮真貴（歌手）

30周年おめでとう〜♪
1992年"SWEET PIZZICATO FIVE"のアルバムジャケットのNY撮影でベリンダ（TAKAKOさんの愛称）に初めてメイクをしてもらって、ワールドツアーも一緒に旅をして、本当に語り尽くせないほどの思い出があります。ヘアメイクの知識だけじゃなくて音楽やファッション、遊びや食にも詳しくて、私よりずっと年下なのに彼女から色々なことを教わりました。何よりもベリンダがいると現場に花が咲いたように明るくなって、みんなが笑顔になる。ヘアメイクを通じて人を幸せにできるという才能！これからの活躍もずっと見続けたいと思います。
ますます輝いて、羽ばたいてくださいね！

野宮真貴
Singer。ピチカート・ファイヴ3代目ヴォーカリスト。「元祖渋谷系の女王」として1990年代に一斉を風靡した渋谷系カルチャーの音楽・ファッションアイコンとなる。1994年に世界発売されたアルバムは50万枚のセールスを記録し、ミック・ジャガーやティム・バートンもファンを公言するなど、ワールド・ワイドで活躍。2001年ピチカート解散後、ソロ活動を開始。2011年にはデビュー30周年を迎え、音楽活動に加えて、ファッションやヘルス＆ビューティーのプロデュース、エッセイストなど多方面で活躍中。

小西康陽（音楽家）

彼女と初めて会ったのは忘れもしない1992年のニューヨーク。それまでの知り合いにはいないタイプの女性ながら、仕事は最初からプロフェッショナルそのものでした。
それからずっとお世話になってばかり。とくに2回の米国・欧州ツアーの時はまさにチームメイト、というか戦友という感じでした。最初のツアーが始まる直前、ぼくは何故か両脚の間に経験したこと のない痛みを覚えてひどく心配になってしまったのですが、彼女が、この「パワーシール」を貼ればすぐ治るから、というので恐る恐る患部に怪しげなシールを貼ってみたところ、間も無く痛みは消えました。ちなみに彼女はそれをパスポートに貼っておりましたっけ。この度はおめでとうございます。

小西康陽
音楽家。1985年、ピチカート・ファイヴのメンバーとしてデビュー。2001年解散後も、数多くのアーティストの作詞／作曲／編曲／プロデュースを手掛ける。2011年、PIZZICATO ONE名義で初のソロアルバム『11のとても悲しい歌』を発表。2015年、セカンドアルバム『わたくしの二十世紀』を発表。

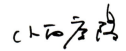

信藤三雄

アートディレクター、映像ディレクター、フォトグラファー、書道家、演出家、空間プロデューサー。 松任谷由実、ピチカート・ファイヴ、Mr.Children、MISIA、宇多田ヒカルなど、これまで手掛けたレコード＆CDジャケット数は約1000枚。 その活躍はグラフィックデザインにとどまらず、数多くのアーティストのプロモーションビデオも手掛ける他、ステージの演出にも及ぶ。

信藤三雄（アートディレクター）

ベリンダ（TAKAKOさん）と初めて出会ったのは1992年のニューヨークのホテルの一室でした。
それはPizzicato FiveのNY撮影の為のミーティングの場でした。
あの出会いがベリンダの運命を変えた一瞬だったのかもしれません。
それ以来、間も無くしてベリンダは東京に活動の場を移すことになるのですが……
それからそれからイタリア行ったり、ロンドン行ったり、また松任谷由実のジャケの撮影したり数多くのフォトセッションを色んなアーティストと重ねてきましてが……あっという間の20数年……
今ではすっかり大御所のTAKAKO先生だけど、今でも僕の印象は、いつでも正直で素直で、とっても乙女な可愛いベリンダって感じです。
活動30周年おめでとう！！

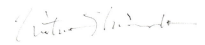

井上文太（画家）

井上文太
画家。金子國義に師事。絵画から派生する造形、キャラクターデザイン、空間美術、刺青、コンテンポラリーアート、ファッションなど様々なジャンルで活躍中。

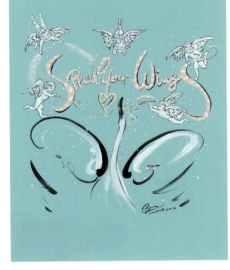

Special Talk

TAKAKO × ANNA

We Found Each Other!

30年の活動の中で、どの瞬間にも素晴らしい出会いが
あり、その出会いによって生まれた美の世界も
すべてがそれぞれの輝きを放っている。しかし必然的
だったともいえる出会いがある。30年を祝って
駆けつけてくれた土屋アンナさん。彼女との
出会いはTAKAKOにとって運命的だった。

photographer_Joji Kondo
retoucher_Koichiro Inomata

二人の出会いによって
モデル土屋アンナは
ストリートファッションのカリスマから
美容のトップモデルへ

アンナ 初対面のこと、覚えてる？
TAKAKO もちろん、忘れるわけないじゃない。アンナと私のことを両方知っているスタッフがいて「土屋アンナというTAKAKOメイクにぴったりのモデルがいるんだよ」って教えてもらって……。仕事を一緒にしてみたいなと思ったの。でも初日の顔合わせのとき、正直言って「わ、このコ、なんなの？」って思ったよ。
アンナ え？　それ、どういう意味？（笑）
TAKAKO だって、ロックを大音量でかけて腰穿きのボトムで現場入りしたじゃない？　悪ぶっているというか。
アンナ ロックが大好きだからね。最近は少し大人になりましたけれど（笑）。
TAKAKO 今ならわかるよ。アンナは、誰に対しても裏表がない。素の心で近づいてくる。それでいて、相手が心を開かないとアンナもフッと離れていく。誤解されやすい性格だろうなって、最初の日からアンナのよさはすぐにわかったよ。

アンナ ま、誤解されやすいかもしれないけど、ウソをつくのは本当に苦手なのよ。
TAKAKO 正直に生きているって感じ。
アンナ 仕事だって真面目でしょ？（笑）
TAKAKO うん、それは本当にそうだね。メイクをすると、すっと何を表現すべきかを感じ取って、ノーブルなメイクならすごく高貴な表情を作る。セクシーなメイクをすると、色香を匂い立たせるような顔になる。用意された衣装をまとって、メイクが完成に近づいていくと、内側からそのキャラクターが生まれてくるかのようにポージングをとる。モデルとしてのカンのよさがすごいよね。
アンナ ありがとうございます。
TAKAKO ほら、真面目な話をすると、そうやってすぐに照れる（笑）。
アンナ TAKAKOさんにメイクしてもらうまで、実はすごくブルーメイクが苦手だったんだよね。
TAKAKO 初日から「私、ブルーは似合

ビューティクリエイターとモデル
両輪があって新たな美は生み出され
未来へ向かって走り出す

わないんで！」って牽制していたよね。
アンナ ブルーメイクとか「いかにも」という濃いメイクをすると、ほら私、ハーフだから、ものすごくケバくなっちゃうのよ。
TAKAKO 普通にブルーだけを使えば、そうなる可能性もあるよね。
アンナ でもTAKAKOさんにブルーメイクをしてもらったら、今まで見たことのない自分の顔で。

TAKAKO すごくキレイだったよね。
アンナ 「なんじゃこの人！ ブルーメイクが苦手って言っているのに、なんでブルーメイクをするの？」と思って鏡を見たら「あらあら！」みたいな。
TAKAKO 要は、色って選び方と使い方次第なのよ。まったりのっぺりブルーのアイシャドウをのせたらもちろん、サーフーガールみたいな雰囲気になってしまうけれ

TAKAKO × ANNA
We Found Each Other!

ど、アイホールの肌をまずはキレイに内側から発光しているかのように作って、その上でブルーを美しくグラデーションさせれば、青でしか表現できない吸い込まれるような顔になるのよ。

アンナ　「どんなメイクさんと出会うか」でモデルの人生は変わると言っても過言じゃないと思う。TAKAKOさんにブルーメイクをしてもらったことで、ブルーに対して持っていた固定観念が変わった。似合うとか似合わないとか、自分で自分を制限するのってよくないって気づかせてもらった。それに信頼のできるメイクさんだと、いろいろなメイクに挑戦できる。

TAKAKO　そう言ってもらえるとありがたいな。でもそれは逆も同じだよ。どんなモデルと出会えるかによって、メイクをするほうの人生も変わる。アンナは、毎回いつも一生懸命。「これでいいかな？　もっと何かできることはないかな？」って追求していくでしょ？

アンナ　それはもちろんプロですから（笑）。

TAKAKO　私は美しい1カットのために命削って取り組みたいと思っている。だからモデルとの信頼関係がとても大切なの。

アンナ　ま、そういう意味では、TAKAKOさんも私もガチなタイプだからね。現場でモノづくりに対して熱いよね。今回、TA

KAKOさんの活動30年の節目にこうやってまた対談ができてすごくうれしい。改めて30年活動し続けていることを本当にリスペクトする！　続けるのって、すごく大変だもん。

TAKAKO　確かに大変だけれど、続けていると、アンナとのことのように忘れられない出会いもある。まだまだこれからもず～っと続けていくよ。アンナといっぱいいっぱいこれからも一緒に仕事するから～。

アンナ　うん、こちらこそよろしく！

Essencial Tips *for* My Beauty Life

・　私の美の生活に欠かせないアイテムたち　・

「美しくなりたい」「美しくしたい」その両方の思いが
長年変わらずに自分の中で存在できているのは
星の数ほどあるコスメ、美容アイテム、美容方法を
プロの目で見て選び、実際に自分の肌や体で試して
本当にいいと納得したものだけを取り入れているから。
私が心から信頼するモノ&コトだけを紹介します。

Essencial Tips for My Beauty Life

肌老化の根本原因にアプローチする
最先端のアンチエイジングコスメ
再生美容液「AMOUGE GLOW」

初めて「AMOUGE GLOW」に出会ったとき「ヒト幹細胞をコスメに応用」という話を聞いて「すごい！」と思うと同時に「本当に効果があるのかな？」と半信半疑だったの。だからまずは自分の肌で試してみたの。毎朝、毎晩、洗顔後に顔に薄くのばして、気になる部分には重ねづけ。その結果、気づいたら肌がハリを取り戻しているみたいになったの。今では寝る前や朝の洗顔の後にHOLLYWOOD AIRのエアブラシのカップに「AMOUGE GLOW」を入れて細かいミスト状にして顔全体に薄く均一につけるのが日課。
「AMOUGE GLOW」は、肌に足りないものを補うというこれまでのスキンケアの考え方ではなく、肌組織そのものを再生させるもの。これまでにいろいろな最先端のスキンケアアイテムに出会って試してきたけれど、今、私の中で究極のアンチエイジングコスメといえば、この「AMOUGE GLOW」。

病院でも認められている
高い効果、技術、安全性

　再生医療にも使われている「幹細胞」。この科学のチカラを美容液に閉じ込めたのが「AMOUGE GLOW」。「AMOUGE GLOW」に使用されているグロスファクターが豊富な成分は「化粧品の国連」とも呼ばれている世界的な化粧品業界団体にも世界登載されているの。この成分は2007年から東京中心の200箇所以上の先進的な美容外科、皮膚科でも使用されていて、その高い効果、技術、安全性は病院でも認められた確かなもの。この小さなボトルに秘められたパワー、1本使い切るごとにきっと実感するはず。時間は止められない。でも肌老化は再生できる。今日からぜひ、自分の肌で実感してほしい。

ヒト幹細胞培養液化粧品 AMOUGE GLOW 8ml（約1ヶ月分）
20,000円（税別）／セリュール株式会社
問い合わせ先　0120-863-887　http://cellule.jp/

Essencial Tips for My Beauty Life

エアコンがいらない「本当に快適な」
新発想の冷暖システム

「光冷暖」を知って初めて「室内の本当の快適さ」とは、どういうことなのかがわかった気がしているの。

「光冷暖」とは、これまでの「エアコン」とは全く異なる冷暖房システム。わずか10リットルの不凍液を夏は冷水に冬は温水にしてラジエータで循環させて、それがセラミックを混ぜて塗られた漆喰の壁や天井と遠赤外線で反応して、空間の温度を調整するの。風に頼らないことでホコリの立たない、匂いのしない、空気音のしない、それでいて冷暖効果を感じられるシステム。これは平成26年度の環境大臣賞も受賞している画期的なもの。

風の当たる肌だけが冷えたり温まって乾燥する不快さもなければ、チリやホコリが舞うこともなければ、ウイルスやバクテリアが風によって巻き散らされることもない。つまり「光冷暖」のシステムが導入された室内にいれば、気持ちがいいだけでなく健やかでいられる。美容という視点からだけで考えても、肌が乾燥しない室内というのは、本当に素晴らしいもの。新築時はもちろん建物を改装するときにも設置できるから、ぜひみなさんの室内環境にも「光冷暖」を取り入れてみて。

室内環境調整システム 光冷暖　http://www.a-hikari.com/
問い合わせ先　光冷暖(KFT)事業本部　092-281-1200

カラダ＆ココロにいいことに
出会える「Annyのお気に入り」

　仕事で福岡に行ったときに、まるで何かに呼ばれたかのように出会ったのが「Annyのお気に入り」というセレクトショップ。ここには、世界中で出会った体にいい、心にいい、星にやさしいものだけが置かれているの。「Annyのお気に入り」で扱っているさまざまなアイテムの中でも「TAKAKOのお気に入り」は感謝シリーズとノニジュース。

　感謝シリーズは、コーヒー、紅茶、緑茶、梅昆布茶と4種類あって、自分用にもちょっとしたプチギフトにもぴったり。コーヒーはベテランの焙煎職人によってすべて手作業で作り上げられたもの。紅茶はスリランカの中央山脈西側で生産されたクセがなく飲みやすいウバ。緑茶は福岡のブランド緑茶の無農薬・有機栽培で育てられた八女茶。梅昆布茶は縁起のいい金箔入り。

　ノニジュースは、無農薬のサモア産の「太陽のノニ」と、ストーンスパに使われている「聖石」を砕いたパウダーが撒かれた畑で育てられた沖縄産の「癒しのノニ」をブレンドしたもの。とても飲みやすくて、ノニジュース初心者さんにもおすすめ。

　全国に10店舗ある他、オンラインショップもあるから、ぜひみなさんにも「Annyのお気に入り」でカラダもココロも元気になってもらいたいな。

Annyのお気に入り　http://www.rakuten.co.jp/anny/info.html
問い合わせ先　0120-35-0821

KFT農法で作られた
野菜＆フルーツに感動

　今は限られた高級料亭でしか食することができないけれど、その美味しさに感動したのは「KFT農法」で作られたプチトマト。「光冷暖」システムの部屋にあった観葉植物がとても元気がよくて、そこからヒントを得て「光冷暖」をビニールハウスで応用したのが「KFT農法」なの。「KFT農法」で作られた農作物はポリフェノールなどが多く検出されているそう。今は、早く手軽に「KFT農法」で作られた野菜やフルーツが手に入ればいいなと願っているところ。美味しくって栄養価が高かったら最高よね。

KFT農法　http://www.a-hikari.com/kftag/
問い合わせ先　光冷暖(KFT)事業本部　092-281-1200

Essencial Tips for My Beauty Life

カラダのサビ対策に
「ハイドロパワー」で高濃度水素を吸入

　水素は病気や老化の原因となる悪玉活性酸素を除去することが医学的に証明されて話題を呼んでいるけれど、私が今注目しているのは「水素を吸う」こと。初めてこのハイドロパワーで水素を吸ったときのことは忘れられない。その日は、取材を受けてテレビの撮影もあってクタクタだったのに、たった20分吸入しただけで目や頭がすっきり！　思わず追加で20分吸入したぐらい(笑)。他の水素吸入と比べてここまで違うなんてすごい！と感動したの。今では時間があるときは40分、忙しい日でもなるべく20分吸うようにしているの。

　ハイドロパワーは、専用液を使って、電気分解方式で水素を高濃度で発生させることができる水素発生装置。発生した水素は鼻から吸入することで肺を通ってすみやかに血管に吸収されてすぐに全身の細部に到達する即効性があるの。

　体内に活性酸素が増えすぎると、シワやシミなどの肌トラブルにもなるし、美容面にも悪影響。体内の酸化を防いで、肌トラブルを改善したかったら、より安全により高濃度の水素を体内に吸収させるのがいい。家庭に1台、この水素吸入器があれば家族みんなの健康にいいんじゃないのかな。家に置くのが難しければ「高濃度水素ラウンジ」が今、全国に続々と広がっているから、まずはお店やサロンで試してみるのもいいかも。5年後も10年後も健康で美しくありたかったらハイドロパワーのある生活を今日からはじめてみて。

水素吸入器 ハイドロパワーH-01(プリペイドカード対応型)
1,200,000円(税別・希望小売価格)
株式会社HPJ【ハイドロパワージャパン】
問い合わせ先　011-200-7600

操作はただボタンを押すだけ。水素は12リットル発生とパワフルなのに、音はとっても静かで機械自体もコンパクトだから、長期出張のときは、宅配便で現地に送ったりもできるの。面倒なメンテナンスも必要ないから、毎日の水素吸引を日課にするのはとっても簡単。

Essencial Tips for My Beauty Life

Essencial Tips for My Beauty Life

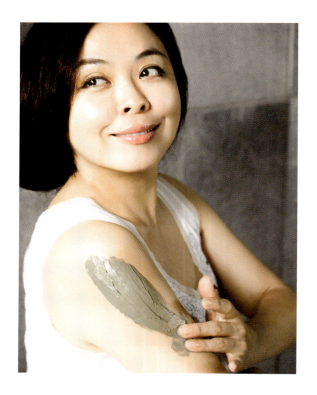

自然の恵みを味方につければ
私たちは自らが美しくなる力を持っている
それを教えてくれる「アルジタル」

「アルジタル」という「グリーンクレイ」を使ったスキンケアシリーズに私を出会わせてくれたのは、スキンケア、ヘアケア、コスメ……と自社でいろいろなアイテムを手がけている石澤研究所。長年、お仕事でとても信頼しているこの会社がわざわざイタリアから直輸入してまで日本のみなさんに使ってもらいたいと思うものなのだから、どんなのだろう？と思って使ってみたらびっくり。

　グリーンクレイペーストは、繊細な海泥のスクラブが毛穴の汚れや古い角質を取り除いてくれて、しかも流した後はうるおいで包まれたようなつややかな肌になるの。顔はもちろん全身に使えるから、週に1度のスペシャルなお風呂タイムにぜひ、取り入れてみて。

　「アルジタル」には石鹸、化粧水、クリームといろいろなアイテムがあって、そのどれもがお気に入りだけれど中でもみなさんに使っていただきたいのは、このグリーンクレイの他にクリームと歯磨き粉。クリームは悩みや肌質別に7種類あって、私が愛用しているのは「インテンシブ エキナセアクリーム」。ドイツで古くから使われているメディカルハーブ「エキナセアエキス」が配合されているの。そしてグリーンクレイが口内の汚れを吸着してくれる「グリーンクレイ 歯磨き」もおすすめ。もともと「アルジタル」創設のきっかけとなった100％天然由来のナチュラルな歯磨き粉。毎日口に入れるものだから成分や使い心地にはこだわりたいもの。これなら安心よね。

グリーンクレイペースト250mL 3,600円（税別）　インテンシブ エキナセアクリーム75mL 3,500円（税別）　グリーンクレイ歯みがき（セージ）75mL 1,800円（税別）／以上すべてアルジタル（石澤研究所）　問い合わせ先　0120-49-1430
www.argital.jp

Essencial Tips for My Beauty Life

顔だけでなく脚もメイクする時代
福助のストッキング「満足」

　ヘア&メイクとして顔をメイクするのは当たり前だけれど、ただ顔だけを美しくするのではなく、全身を美しくしてこそビューティクリエイターだと私は思っているの。顔にベースメイクをするように、脚だって素肌っぽく輝かせたいもの。そこで私が信頼しているのは、福助の満足シリーズ。なかでも「ノンラン設計」のストッキングは、穴があいても伝線しにくい作りで働く女性はもちろん、すべての人におすすめ。満足シリーズのストッキングは、はいているときとはいていないときの美人度が変わるといっても過言ではないアイテム。日本が誇るストッキングメーカーの福助だから、その作りは本物。細かなところにも女性への気遣いが溢れているわ。試しに1足手に入れて、自分の手を入れてみて。どれくらい生の手&腕と違って見えるのか。それを実感したら、このストッキングなしで生脚を出すことなんて考えられなくなるから。

「満足」ストッキング 500円(税別)／福助株式会社
問い合わせ先　072-223-2275

マスカラ探しの旅は伊勢半の
「天まで届けマスカラ」で卒業

　もともとマスカラは大切なメイクアイテムの一つだと思っていたけれど「天まで届けマスカラ」に出会って、大切以上の存在、不可欠なアイテムだと今は思っているの。
　マスカラと呼ばれる商品は世の中に星の数ほどあるけれど、この仕事をしていて30年。伊勢半が生み出すマスカラには本当に信頼を寄せているの。まず黒のその深さが違うこと。漆黒とはこんなにも日本人の瞳を美しく映えさせるものなんだって、きっと使った人ならばわかるはず。「天まで届けマスカラ」は、その名の通り、女のコの願望を叶えてくれる逸品。シリーズはどんどん進化していて、カール力はアップしているし、にじまない新処方も採用されて、まつげ美容液成分も配合されている。根元からしっかりと、濃く長く、ロング感やボリューム感を出したい。そんなシンプルでありながらも究極のマスカラを探しているのなら「天まで届けマスカラ」を選んで。

天まで届けマスカラ ボリューム&カールマスカラ スーパーWP 1,000円(税別)／伊勢半　問い合わせ先　0120-414793

Essencial Tips for My Beauty Life

何をしても治らなかった
皮膚トラブルから
救ってくれた医学博士 蔡篤俊先生

　仕事もプライベートもたくさんのことが重なったある日。鏡をのぞいたら、それまで気になっていた肌のブツブツがものすごい数に増えていたことがあったの。もちろん美容の情報は仕事柄たくさん知っているし知識もある。でもね、このときばかりは何をやっても治らなかったの。そんなとき、藁にもすがる思いで行ったのが東京・初台にある蔡先生のクリニック。西洋医学の技術をベースに薬草と鍼灸を組み合わせたオリジナルの治療法を行っている蔡先生。極秘で通う有名人も多くいて、これまでに10万人以上の患者さんを診療してきている信頼できる先生なの。先生のところで体に溜まった悪い因子「瘀血」をとってもらったら、みるみるうちに皮膚トラブルから解放されたの。もう打つ手がない。そんなふうに悲観している人がいたら、ぜひ先生のところに相談に行ってみて。遠くて行けないという人は、まずは先生の本から読んでみるのもおすすめ。

蔡篤俊医師　蔡内科皮膚科クリニック
問い合わせ先　03-5371-0925
「病気は薬では治らない」蔡篤俊著／主婦と生活社

Essencial Tips for My Beauty Life

炭酸水にうるさい私を
トリコにした
世界最高レベルの強炭酸水「VOX」

「今日の撮影は長丁場になりそうだな」と思ったとき、メイク道具と一緒にスタジオに持ち込むのは炭酸水。それも決まって選ぶのはVOX。

VOXは、独自製法のマイクロバブル圧縮充填で、従来の強炭酸を上回る圧倒的な強炭酸なの。しかも40項目以上の水質検査基準をクリアしていて、JAS規格基準値99.5%を大きく上回る99.99%の純度。ガツンとした刺激とクリアなのど越しが魅力なの。

炭酸水は疲労物質の乳酸を体外に排出してくれたり、血行増進の働きもあるから、炭酸水で美しくなりたいならこれからみなさんに選んで欲しいのはVOX。

VOX 500ml×24本 1,435円(税別参考価格)／VOX株式会社
http://www.vox.jp/
問い合わせ先　092-408-8854

医療発想のブースター美容液
美肌を生み&育てる
「スキンシークレット」

1日でも早く美肌を手に入れたい。女性なら誰しもそう願ったことがあるはず。でも即効性のあるものは、どうしても副作用が気になるもの。

スキンシークレットのEGF-BOOST EFB美容液は、もともと皮膚の治療のダウンタイムを軽減させて治療の効果も高めたい、そんな思いから美容医療の知識をベースに開発されたの。WHITENING-BOOST WNB美容液は"Wアルブチン"というこれまでにない発想で、メラニンの生成を抑制してくれる美容液。従来の即効性の美白コスメにあったむくみなどを起こさせない絶妙な成分ブレンドを可能にしたゆっくりと確実に美白と美肌へ導くコスメ。どちらも美肌を追求して生まれ、世界のミスコンたちも認める美容液。朝、メイク前に紫外線をはねのける下地に1滴。夜、美肌と美白効果を蓄えるために1滴。化粧水や美容液と混ぜて使ってみて。

EGF-BOOST EFB 20mL 17,250円(税別)　WHITENING-BOOST WNB 20mL 15,000円(税別)／以上すべてスキンシークレット(有限会社ジャパンインポージング)
http://skinsecret.shop-pro.jp
問い合わせ先　03-6887-2188

Essencial Tips for My Beauty Life

愛され顔になるために欠かせない
コージー本舗のつけまつげ

　もしもあなたが「つけまつげ未体験者さん」ならば、声を大にして言いたい！　つけまつげを知らない人生でいいの？って。つけまつげをつけることは、目をより一層魅力的に見せる行為。目が魅力的に見えるとどうなると思う？　あなたの表情がイキイキとして見え、あなたの表情を見たい人が増える。つまりモテるってこと。

　コージー本舗は、つけまつげの種類が豊富だからどれか一つをまず手にとって試してみてほしい。日本人のまぶたを徹底研究している日本のメーカーだからこそのカーブに毛の繊細さ。これはコージー本舗ならでは。いろいろなシリーズがある中で、毎日、まるで自分のまつげのように目元を印象づけたいなら「ラッシュコンシェルジュ」がおすすめ。さりげないボリュームで自然に目元になじむわ。

ラッシュコンシェルジュ アイラッシュ（3ペア入り）1,000円（税別）／コージー本舗
問い合わせ先　03-3842-0226

行くだけで元気が出る場所
伊豆丹那の酪農王国「オラッチェ」

　熱海に別荘を構えたときにたまたまドライブしていてふらりと立ち寄ったのが酪農王国「オラッチェ」。当時の私は大切に飼っていたペットを喪ったばかりで何となく心にぽっかりと穴があいていたの。でもここの「ラビット・スクエア」に行ったら、可愛がっていたペットにそっくりなパンダうさぎがいて……。自然に恵まれたこの広々としたこの酪農王国で、ふっと心が元気になっていくのを感じたの。

　乳搾り体験やアイス、バター、パン作り。それに採蜜の時期は採蜜体験もできるし、併設された王国ショップではオラッチェ名物の美味しいソフトクリームやラフェモントのはちみつも購入できるの。心が疲れてしまうようなことがあったら、みなさんもぜひオラッチェに行ってみて。

酪農王国オラッチェ　静岡県田方郡函南町丹那349-1　055-974-4192

飲む温泉！美容水！
天然アルカリの「温泉水99」

　私たち人間のカラダはその大部分が水で占めている、とよく聞くけれど、どうせならばカラダに取り込むものだから、キレイな水、美味しい水がいいよね。私も水にはこだわりがあって、疲れたとき、元気になりたいとき、いろいろ使い分けたり試したりしているけれど、長年リピートしているのはこの「温泉水99」。市販のミネラルウォーターと比べても高いpH9.9という他に類を見ないアルカリ性の高さで、柔らかい口あたり。昔から温泉は美容にいいと言われているけれど、体の内側から美しくなりたかったら「温泉水99」を飲むのがいいよね。どんなときでも美味しく飲んで美しくありたい。それを叶えてくれるのがこの「温泉水99」。ただ飲むだけでなく、お料理に使うのもおすすめ。

温泉水99 2L 300円、500ml 160円、12L BIB 1,600円（各税別）／エスオーシー株式会社　問い合わせ先　0120-17-4132

世界一のお砂糖を使った
「アビサル」のシムカイシリーズ

　世界で唯一、遺伝子組み換えをしていないお砂糖はなんと、北海道の甜菜というお野菜から作られたお砂糖だけ。その世界一のお砂糖を使ったスクラブがこの「アビサル」のシュガースクラブ。欧米のエステなどでは、必ずといっていいほどスクラブを使うときはお砂糖。なぜなら最近、話題になっている美肌菌の栄養になるのがお砂糖だから。シムカイシリーズはシュガースクラブ以外にもすぐれものがいろいろ。ぜひ試してみて。

シュクレボヤージュ シュガーバス3個セット40g×3 1,000円（税別）、シュガースクラブ300g 6,852円（税別）、ボディフラッパー150g 2,500円（税別）、クレンジングオイル200mL 3,500円（税別）／以上すべてシムカイ（株式会社アビサル・ジャパン）　問い合わせ先　0120-640-400

Essential Tips for My Beauty Life

ケータイ水素ポッド「マルーン」
で水素風呂が自宅で楽しめる

　美容にも健康にもいいと注目されている水素。その水素は、地球上で一番小さな分子だから皮膚からも吸収されるんだそう。そんな水素を全身で手軽に吸収できるのが水素水入浴。ケータイ水素ポッド「マルーン」は、スイッチを入れるだけで水素を発生させてくれるすぐれもの。きめこまやかな泡が発生して水素がお風呂の水に溶け込むの。全身の肌から水素が吸収されて心身ともに癒されるし、湯船に立ち込めた気体の水素を吸うこともできる。自宅で水素風呂が手軽に楽しめるし、洗顔をするときも洗面台に「マルーン」を入れて水素水洗顔ができるから簡単。

　水素のチカラって本当にすごいなと思うのは、自分のカラダに使うだけじゃなく野菜を洗うときにも使えるところ。水素水を入れた容器に野菜やフルーツを浸すと、浸透性のある水素が野菜やフルーツに入り込んでシャキシャキになるの。農薬除去効果にもすぐれていることが明らかになっているんだそう。※一般財団法人 日本食品分析センター（第15116182001-0101号）みなさんも、自宅で水素生活を始めるならまずは「マルーン」を1台！　いろいろ使えておすすめ。

ケータイ水素マルチポッド マルーン 75,000円（税別）／株式会社フラックス 問い合わせ先　045-628-2125

Essencial Tips for My Beauty Life

いつでもどこでも一緒！
持ち歩ける水素水サーバー
「ポケット」

水素水が登場したとき自分の生活にも取り入れたいと思った人も多いと思うけれど、ペットボトルやパウチになっている水素水はいくつも持ち歩くわけにはいかないし、ストックもしておかなければならないし、続けることが大変だなと挫折してしまった人もいるんじゃないのかな。かくいう私もその一人。でも、この持ち歩ける水素水サーバーの「ポケット」があれば水素水生活は簡単。水を入れてスイッチを押すだけ。20分もすれば高濃度の水素水ができあがるの。水素は時間が経つと容器から抜けてしまう性質があるけれど、出先で水を入れれば新鮮な水素水がいつでもどこでも飲める。私はいつもカバンの中に入れて持ち歩いてるの。

携帯用水素水サーバー ポケット 50,000円（税別）／株式会社フラックス　問い合わせ先　045-628-2125

電気のいらない美顔器
「シャンティクチュール フェイスリフトブラシ」

　これまでにいろいろな商品のプロデュースを手がけてきたけれど、このフェイスリフトブラシは、本当に多くのみなさんが購入してくださった支持されているアイテムなの。ブラシの毛先には、トルマリンなどの天然鉱石やクリスタルが練りこんであって、このブラシで頭の地肌を直接マッサージすることで、頭の血行を促進することができるの。頭皮をマッサージすることによる髪質改善効果も期待できるし、頭皮を持ち上げることでそれにつられてお顔の皮膚もぐっとリフトアップされる。使い続ければ、お肌のハリが変わってくるのを体感できるはず。髪にツヤがない、頭皮が硬くなっている、フェイスラインのたるみが気になる……そんな人はぜひ使ってみて。

シャンティクチュール　フェイスリフトブラシプレシャス 6,995円（税込）／イービーエム　問い合わせ先　0120-022-795

聖石のパワーを自宅で！
石の癒の入浴剤

　世界に存在するヒーリングストーンを専門の調査機関で数種類厳選してストーンスパで使用している「石の癒」。その「石の癒」から生まれた入浴剤がこれなの。「石の癒」に毎日のように通いたいけれどなかなか行けないとき、出張先のホテルで癒されたいとき、お風呂で手軽にデトックス＆リラックスできる頼れる逸品。全国の「石の癒」や私のお気に入りのセレクトショップ「Annyのお気に入り」で購入できるから一度、試してみてほしいな。お肌のデリケートな人にも安心だし、体が芯から温まるの。毎日頑張っている自分に。頑張っている友達に。この入浴剤はおすすめ。

石の癒　入浴剤 1,857円（税込）／石の癒　問い合わせ先　092-281-1200

大地の恵みを体に取り入れる
エーオーエーアオバの
酵素＆ルイボスティー

　人間のカラダにはもともと必要以上に増えた活性酸素を中和する機能が備わっているけれど、年齢を重ねるとその働きが弱まったり、外から取り入れるのが難しくなるの。それを解決してくれるのがこのエーオーエーアオバのSOD様食品。大地に育まれた抗酸化成分が確実に目的の細胞に届くように特殊製法で加工することで外からの摂取を可能にしたの。私は、毎日3包を飲む習慣にして疲れを感じにくくなったの。
　もうひとつのルイボスティーは、スーパーグレードを使用している最高級の茶葉のみを使ったもの。鉄やマンガン、亜鉛などのミネラル分をバランスよく含んでいるルイボスティは美容茶としても人気だけれど、粗悪なものではなくきちんと品質保証がされたものを選んで。エーオーエーアオバのルイボスティーは、農薬や化学肥料を一切使わずに栽培されていて、南アフリカ共和国が管理品質保証をしているもの。植物に秘められた力をお茶で摂取する。毎日の習慣にしてほしいな。

AOVA SOD（150包入）18,000円（税別）
ルイボスAOAティースーパー（24袋入）1,200円（税別）／エーオーエーアオバ　問い合わせ先　03-5976-1411

═ • Words of BEAUTY • ═

自分の顔に愛情をかけて
毎日、大切に
自分の手で触れて

═ • Words of BEAUTY • ═

見ていること
見えていることより
ときには感じることを大切に

═ • Words of BEAUTY • ═

やさしいまなざし
やさしい心
やさしい言葉を意識してみる

═ • Words of BEAUTY • ═

「私はお花」
今日はどんなイメージの
お花を演出する？

= • Words of BEAUTY • =

センシュアル(sensual)は
「自分」を意識して
プロデュース

= • Words of BEAUTY • =

見た目の第一印象は大切
スタイリッシュに
そしてノーブルに

= • Words of BEAUTY • =

愛される女性はリップケアが鍵
たとえ誰かに見られていなくても
美しくケアしてあげて

= • Words of BEAUTY • =

天使にサポートしてもらいたいなら
天使を信じ切ってみる

= ・Words of BEAUTY・=

大切な人と見つめ合う時間
心を自由に
思いっきり自分を解放して

= ・Words of BEAUTY・=

運命の人には必ず出会う
焦らずに
まずは自分磨きを

= ・Words of BEAUTY・=

「自分」というお花の
潤いを絶やさず
日々、忘れずに潤いを与えてあげて

= ・Words of BEAUTY・=

見えないもののパワーを感じてみる
いい香りに包まれるのも
大切な方法のひとつ

= • Words of BEAUTY • =

ひらめきを大切に
いつもとは違ったことを
してみる

= • Words of BEAUTY • =

あなたを大切にしてくれている人
大切にしてきてくれた人に
思いを馳せて

= • Words of BEAUTY • =

思いっきり吐き出して
思いっきり吸い込む
ほら、心が軽くなる

= • Words of BEAUTY • =

過去の恋愛は
自分の手で、自分の心で
ときどきリセットする

== • Words of BEAUTY • ==

子どもの頃に置いてきた
形のない大切なものを
取りに行く日があってもいい

== • Words of BEAUTY • ==

華やかな毎日
華やかな人生
華やかがいいね

== • Words of BEAUTY • ==

どうすれば可愛く見えるかを
知らないだけなら
これから探せばいい

== • Words of BEAUTY • ==

誰かの意見
NOからではなく
YESからはじめてみる

=・Words of BEAUTY・=

絵を描く。詩を書く。
音楽を聴く。自分の内側から
湧き出すものを大切に

=・Words of BEAUTY・=

失ったもの、手放したもの
そればかりを
数えていたらもったいない

=・Words of BEAUTY・=

いつもとは違う口紅をつけて
新しい「自分」は
それだけで始まる

=・Words of BEAUTY・=

こんなことをしたら嫌われる？
それとも喜ばれる？　相手の笑顔を
思い浮かべれば答えは簡単

= • Words of BEAUTY • =

その気になれば人生思い通り
人生をジャンプする勇気は
今！ 今！ 今！

= • Words of BEAUTY • =

咲き誇るときだけを大切に
するのではなく、枯れていく
その時間も愛してあげる

= • Words of BEAUTY • =

相手に変わることを求めないで
自分が美しく変われれば
それも正解！

= • Words of BEAUTY • =

ドキドキは
人生の味付けに深みを与える
最上のスパイス

= · Words of BEAUTY · =

おいしい時間
おいしい人生
おいしいコーヒータイムから

= · Words of BEAUTY · =

自分が心から求めている
チャンスに敏感になる

= · Words of BEAUTY · =

何もない。
あなたのままで、あなたの
心とカラダがあれば大丈夫

= · Words of BEAUTY · =

「やらなかった」
その思いは
心の天気を曇らせる

= • Words of BEAUTY • =

苦手な人に出会ったら
いいところだけを見つけて
探して褒めてみて

= • Words of BEAUTY • =

心地いい仲間とだけ
お付き合いしましょう
無理はしないでいい

= • Words of BEAUTY • =

孤独は愛おしいものの
シルエットがくっきりと
浮かび経つ大切な時間

= • Words of BEAUTY • =

幸せになる
幸せに生きる
自分自身に誓う

= • Words of BEAUTY • =

自分自身の中にある
無限の可能性を感じる
そして信じる

= • Words of BEAUTY • =

あなたは世界でただ一人、
かけがえのない
あなたの人生の主人公

= • Words of BEAUTY • =

元気が出ないときは無理をしない
1日、何もしない日を
自分のためにプレゼントして

= • Words of BEAUTY • =

何を失ったかより
何を手に入れたか
見るものを変えてみる

TAKAKO
THE
BEAUTY
BOOK

Author / Hair&Make-up Artist
TAKAKO (Family TAKAKO)

Costume Designer / Stylist
丸山 敬太

Photographer
下村 一喜 (Cover, p.01-53, p.62-63)
猪俣 晃一朗 (p.98-115)
中西 真基 (p.54-61)

Model
PAULA KLIMCZAK (donna)
DOMINIKA KOKOSZKA (donna)
ANNA SVIRIDOVA (donna)

Hair and Make-up Assistant
井手 弓 (Family TAKAKO)
黒澤 舞子 (Be-STAFF MAKE-UP UNIVERSAL)
井口 裕子

Costume Design Assistant
笹野 絹枝 (KEITA MARUYAMA/MAMINA)
塩野 真央 (KEITA MARUYAMA/MAMINA)

Styling Assistant
水原 雪葉 (8surprise)

Nail Artist
中川 裕未

Photo Retoucher
山本 拓 (mosh inc.)
吉川 拓真 (mosh inc.)
小川 知子 (IINO GRAPHIC IMAGES)
内野 桜子 (IINO GRAPHIC IMAGES)
佐藤 弘規 (IINO GRAPHIC IMAGES)

Hat Designer
Akio Hirata

Florist
喜多 進二 (いろはな本舗)

Studio Assistant
小北 麻由 (IINO MEDIAPRO)
白澤 拓也 (IINO MEDIAPRO)

Artist Manager
加藤 祐佳子 (Family TAKAKO)
佐藤 隆重 (Family TAKAKO)
長谷部 啓介 (KEITA MARUYAMA/MAMINA)
平田 陶子
土屋 眞弓 (モデリングオフィス AMA)
中根 均 (IINO GRAPHIC IMAGES)
Ell Pamphille

Translator
金泉 彩

Driver and Vehicle Service
コサカコウタ (SMILES)

Print Production Manager
小薬 貴雄 (Chiyoda Print Media)

Chief of Advertising Department
園田 健司 (Sougeisha)

Editorial Assistant
長澤 未知子 (Sougeisha)

Sales and Advertisement Manager
山本 弘之 (Sougeisha)
安田 恵介 (Sougeisha)

Book Designer
藤崎 キョーコ

Book Editor
TOKYO ドーナツ

Editor-in-chief
打矢 麻理子 (Sougeisha)

Special Thanks
IINO MEDIAPRO
IINO GRAPHIC IMAGES
BACKDROPS~STUDIO BASTILLE
EASE
AWABEES
田中 誠太朗 (Reno Beauty)
伊藤 和生
だいもん しゅんすけ (Diamond GENKI LLC)
上野 竜史 (株式会社ドリル)
CAVE DE GAMIN et HANARE
La lausanne

本書は、多くの方々との素晴らしいご縁とあたたかいご支援、ご協力のおかげで完成することができました。

　私を産み、育ててくれた心の器の大きい父、母。
　さまざまな教えを与えてくれた恩師の方々。
　30年の活動の中で、ともに美を生み出してくれたクリエイターのみなさま。
　いつも支えてくれる最高のスタッフ、愛があふれる仲間たち。
　中日美容専門学校、北海道芸術高等学校、伊勢理容美容専門学校、ヒューマンアカデミーで出会ったのべ数千人の生徒の方たち。
　イベントやセミナーにいらしてくださった姫たち。
　プロデュース商品をご愛用くださっているファンの方々。
　この本を手に取ってくださっているみなさま。

　心より感謝いたします。

　ロンドンで筆を握ってから30年、常に進化を繰り返してきました。
　どの一日をとっても、今の私には必要な一日でした。
　これからも新しい世界へ挑戦し続けます。

　セルフイメージを高く、自分の無限の可能性を信じて……。
　この本にちりばめられたTAKAKOビューティースピリットが
　みなさまの美の扉を開く鍵となりますように。

感謝
love you
Takako ♡

TAKAKO THE BEAUTY BOOK

2016年11月19日　初版第一刷発行

タカコ ザ ビューティ ブック

著者　TAKAKO

発行人　松田 元

発行所　株式会社 創藝社
〒162-0825　東京都新宿区神楽坂6-46
TEL 03-5227-6213
http://sougeisha.com/

印刷・製本所　株式会社 千代田プリントメディア

落丁・乱丁の場合は創藝社宛てにお送りください。送料負担でお届けいたします。ただし、古書店で購入したものに関してはお取替え出来ません。本書のコピー、スキャン、デジタル化等の無断複製・転載は著作権法上での例外を除き禁じられています。本書を代行業者等の第三者に依頼してスキャンやデジタル化することは、個人や家族内での利用でも著作権法違反です。

©Takako2016,Printed in Japan
ISBN978-4-88144-222-7